OPINION

DE

M. LE GÉNÉRAL DU GÉNIE

NEMPDE

SUR

L'INCENDIE DE MOSCOU.

A PARIS,

CHEZ DELAUNAY, LIBRAIRE

DE SON ALTESSE ROYALE MADAME LA DUCHESSE D'ORLÉANS,

PALAIS ROYAL.

1826.

PARIS. — IMPRIMERIE DE FAIN,
Rue Racine, n. 4, place de l'Odéon.

PRÉFACE.

Moscou vient de briller d'un nouvel éclat; cette capitale est ressortie de ses cendres plus belle que jamais! Le sacre de S. M. l'empereur Nicolas en fixant l'attention de l'Europe sur elle, a ranimé les souvenirs du terrible événement qui en consuma les deux tiers en 1812.

Lorsqu'on se rappelle ce qu'ont écrit à ce sujet les divers auteurs qui, quoique d'accord sur ce point, que le feu a été mis par Rostopchin, sont si en contradiction sur les détails et sur la coopération des habitans; lorsqu'on prête surtout attention à la brochure publiée en 1823 par Rostopchin lui-même, dans laquelle il dément formellement qu'il soit l'auteur de l'incendie, l'opinion reste flottante.

Pour moi, qui ai été témoin de cette grande catastrophe, je n'ai pas hésité un instant sur les lieux, et depuis à l'attribuer au désordre et à la négligence qui suivent ordinairement les armées, et surtout à la disposition au pillage de certaine partie des habitans qui étaient restés dans la ville.

Si l'incendie n'a pas été arrêté de suite, c'est moins parce que les pompes avaient été enlevées, que parce que Napoléon ne donna aucun ordre pour cela, croyant par là amener les habitans, qui étaient sortis de leur ville, à y rentrer pour l'éteindre.

Après quatorze ans écoulés depuis ces jours de malheur, il serait bien temps que la vérité fût connue : c'est pour aider à la découvrir que je me hasarde à publier mes idées à ce sujet.

OPINION

DE

M. LE GÉNÉRAL DU GÉNIE

NEMPDE

SUR

L'INCENDIE DE MOSCOU.

En 1812, les Bulletins de l'armée française accusèrent le général Rostopchin de l'incendie de Moscou.

Les Russes, de leur côté, rejetèrent sur les Français l'odieux de ce désastre, tandis que les Anglais en attribuaient la gloire aux habitans de cette capitale.

Les historiens qui depuis ont écrit sur la campagne de Russie, ne sont pas plus d'accord. M. de Vaudoncourt fait décider au quartier-général de Kutusoff le sort de Moscou, comme mesure militaire, et fait incendier cette capitale par les ordres de Rostopchin, au moyen de détenus mis en liberté, sans la participation ni même le consentement des habitans.

C'est aussi l'opinion de M. Réné Bourgeois, et de M. Guillot; et l'on fait dire à Buonaparte (*Mémoires de Sainte-Hélène*). «La population était loin d'avoir comploté cet attentat; c'est elle qui nous livra les trois ou quatre cents malfaiteurs échappés des prisons, qui l'avaient exécuté. »

M. Gourgaud assure de même que si Rostopchin a réussi à incendier Moscou, c'est en cachant aux habitans son funeste projet, c'est en les forçant d'abandonner leur ville par les mesures les plus violentes; c'est en ouvrant les portes des prisons aux malfaiteurs, et en leur mettant les torches à la main. « C'était si peu, dit-il, un acte de dévouement, que les habitans qui restèrent à Moscou, réunirent leurs efforts aux nôtres pour arrêter les progrès des flammes. »

L'Anglais sir Robert Kerporter dit, au contraire, que les bûchers de l'incendie de Moscou furent allumés par la fidélité.

M. de La Beaume vante également le généreux dévouement des habitans de cette capitale, qui, selon lui, y mirent le feu, pour priver les Français des ressources qu'elle renfermait.

De son côté, M. le colonel russe Boutourlin représente les habitans qui étaient restés dans Moscou, s'unissant aux troupes d'incendiaires salariés par Rostopchin, pour mettre le feu à leurs maisons.

M. de Ségur ne fait pas concourir les habitans à la destruction de Moscou, mais il les fait avertir par des émissaires qui pendant la nuit frappent à toutes les portes, et annoncent l'incendie. Puis, Rostopchin ouvrant les prisons, en confie l'exécution à cette foule sale et dégoûtante, qui en sort sous la direction de quelques agens de police.

M. de Chambrai et M. Larey ne sont pas aussi tranchans que ces messieurs. Le premier rapportant que les incendiaires pris en flagrant délit déclarèrent n'avoir agi que par les ordres de Rostopchin, pense que le gouverneur avait reçu des instructions de son souverain pour prendre une telle résolution, tant elle lui semble au-dessus des événemens ordinaires.

Le second, s'il désigne, d'après les on dit, comme auteurs de l'incendie de Moscou les Russes échappés des prisons, présume que ces misérables y ont été excités par l'espoir du pillage.

Ces auteurs varient autant dans les détails que dans le principe. Suivant les uns, des fusées incendiaires et des étoupes soufrées et goudronnées furent distribuées aux agens de police, pour les remettre aux individus qui étaient destinés à allumer l'incendie : d'autres font employer les matières combustibles par les agens même, qui les placent dans toutes les ouvertures favorables, et surtout dans les boutiques couvertes de fer du quartier marchand. Ceux-ci mettent des petards dans les tuyaux des poêles ; ceux-là des obus chargés dans les poêles mêmes, etc., etc.

Au dire de certains, le signal de l'incendie fut la prise du Kremlin ; le feu parut aussitôt à l'Hôpital des enfans trouvés, à la Banque d'assignations et au Bazar ; et de là trois ou quatre mille misérables (remarquez que Napoléon n'en suppose que trois ou quatre cents) destinés à étendre l'incendie se répandirent dans les différens quartiers de la ville.

Au dire de quelques autres, le feu ne commença qu'à deux heures après minuit, et ce fut dans le quartier marchand, à l'apparition d'un globe enflammé qui s'était abaissé sur le palais du prince Troubetskoi, et l'avait consumé.

La seule chose sur laquelle ils s'accordent tous, c'est l'enlèvement des pompes de la ville, et ils en tirent la conséquence que c'était pour ôter les moyens d'éteindre le feu.

Écoutons maintenant M. le comte Rostopchin, répondre à ces différentes versions.

«Napoléon, dit-il, sentant toute l'importance
de l'incendie de Moscou, et prévoyant l'effet
qu'il produirait sur la nation russe, autorisée à
lui attribuer ce désastre, crut trouver un moyen
de détourner de sa personne tout l'odieux de
cet acte, en le faisant retomber sur le chef du
gouvernement russe à Moscou. Alors les Bulletins de Napoléon me proclamèrent aussitôt in-
cendiaire, les journaux, les pamphlets de ce
temps, répétèrent à l'envi cette accusation,
et autorisèrent tous ceux qui ont écrit depuis
sur la campagne de 1812, à présenter comme
authentique un fait entièrement faux.

» Pour concevoir et exécuter un projet aussi
horrible que celui d'incendier la capitale de
l'empire, il fallait un motif encore plus puissant
que celui de la certitude des maux qui en ré-
sulteraient pour l'ennemi. Il était hors de toute
probabilité que l'incendie se communiquât à
tous les quartiers, et privât l'ennemi de toutes
les ressources que renfermait la ville : ainsi le
triste fruit d'une mesure aussi atroce se réduisait
à la destruction de quelques provisions de bou-
che et de quelques logemens.

» Une considération plus importante encore
aurait détourné du projet d'incendier Moscou ,

si jamais on l'avait conçu, c'est que son exécution forçait Napoléon à livrer à Kutusoff une bataille dont les chances étaient en faveur de l'armée française.

» Mais dans le cas de l'exécution préméditée de l'incendie de Moscou, à quoi bon les globes enflammés, les fusées incendiaires, les petards et obus dans les poêles? la paille était bien plus sous la main, et plus à la convenance des gens qu'on aurait préposés à cela, que des artifices dont ils n'auraient pas su se servir, et qu'ils n'auraient pu cacher. En chauffant les poiles, n'aurait-on pas découvert les petards et les obus? et s'ils eussent éclaté, leur effet ne se serait-il pas borné à blesser quelques hommes, et à faire prendre des précautions aux autres?

» Quant à l'aveu des gens pris comme incendiaires, qu'en penser? D'après ce que m'ont dit trois d'entre eux, une trentaine d'individus de toutes sortes furent arrêtés dans différens quartiers de la ville, et conduits devant le couvent de Petrowsky; là après l'arrivée de plusieurs officiers, on les rangea en ligne, on en prit treize par la droite, on les fusilla sans autre préambule, on suspendit leurs corps aux réverbères du boulevart, avec l'écriteau *incendiaires*, et on renvoya les autres.

» Du reste, il ne pouvait y avoir d'hommes

échappés des prisons ; tout ce qu'il y avait de détenus à Moscou, montant à huit cent dix individus, fut expédié sur Nigéni-Nowogorode, deux jours avant l'entrée des Français dans cette première ville.

» Il est vrai que j'ai fait partir deux mille cent pompiers avec leurs officiers et quatre-vingt-seize pompes : je n'ai pas cru convenable de laisser à la disposition de Napoléon un corps aussi important, et l'enlèvement des pompes n'est que la conséquence du départ des pompiers.

» Enfin pourquoi attribuer exclusivement l'incendie de Moscou aux Russes ou aux Français, avec intention et par ordre ? La moitié de la population russe restée dans cette ville était composée de gens sans aveu, et il se peut très-bien qu'ils aient propagé l'incendie pour mieux piller dans le désordre.

» D'un autre côté, les soldats français manquaient de tout en arrivant à Moscou ; ils se sont répandus dans cette ville immense pour chercher à manger dans les maisons abandonnées de leurs habitans. On ne pouvait s'attendre à beaucoup de précautions de la part des soldats, qui entretenaient des feux au milieu des cours pour se chauffer, ou qui, en visitant de nuit les maisons, s'éclairaient avec des bouts de chandelles, des torches et des fagots. N'est-il pas présumable qu'ils ont mis le feu dans plusieurs maisons par négligence?

» L'ordre du jour, qui autorisait chaque régiment à envoyer un certain nombre d'hommes pour retirer tout ce qui était resté dans les maisons brûlées, était pour ainsi dire une invitation à en augmenter le nombre. »

Rien de plus franc que cet exposé, et de plus vraisemblable que ses conséquences!

Suivons l'armée dans sa marche, et nous verrons les mêmes événemens résulter des mêmes causes.

Presque partout le soldat a été livré à lui-même pour ses subsistances. Muni d'un petit sac de cuir, il portait avec lui sa farine, et faisait son pain pour son compte là où il trouvait un four. Mais ces fours construits fort légèrement pour le service particulier de chaque maison, ne pouvaient pas soutenir un feu continu et mal gradué. Ils s'échauffaient et se détérioraient bientôt, au point de s'embraser et de communiquer le feu à la charpente du bâtiment, à laquelle ils se rattachaient. Le soldat alors ne songeait qu'à emporter sa farine et son pain, et se sauvant avec ces richesses, il allait s'établir dans un autre endroit, où il en faisait autant. Si le four avait résisté, il arrivait assez ordinairement que le soldat en s'en allant oubliait d'éteindre le feu. Alors les bois de lit, les membrures de portes qui l'alimentaient, consumés dans la partie intérieure du four, basculaient et embrasaient le plancher ; avant qu'on eût donné des ordres pour arrêter le feu, l'incendie avait fait assez de progrès pour que ces sortes d'accidens, renouvelés trois ou quatre fois dans une ville, en eussent détruit la moitié des habitations.

C'est ainsi qu'a été brûlée une partie des villes et villages sur le passage de l'armée. Une autre cause d'incendie précédait quelquefois celle-là, c'était le feu mis aux ponts par les Russes, qui se communiquait souvent aux maisons voisines. Mais cette cause n'est entrée pour rien dans l'incendie de Moscou.

Voilà comment l'armée a marché, et comment elle est arrivée devant cette capitale le 14 septembre, exténuée de fatigue et de besoins.

L'avant-garde traversa la ville sans s'y arrêter ; Murat seul, avec quelques troupes, y resta ; il se logea près du Kremlin, et les troupes occupèrent le Kremlin, malgré la résistance des habitans qui y étaient restés, et qui croyaient ainsi éviter le premier choc d'une armée qu'on leur avait représentée comme composée d'anthropophages.

Dès le soir de cette première journée, le feu prit au Bazar et à quelques autres bâtimens avoisinant (quartiers où se trouvaient les Français); on se rendit maître de ce feu, et il n'y avait aucune apparence d'incendie le lendemain au matin.

A dix heures de cette seconde journée, Napoléon, à la tête de son état major, fit son entrée dans Moscou ; j'y entrais en même temps comme directeur général des parcs du génie. Les rues par lesquelles nous passâmes étaient bordées de gens du peuple ; on voyait aussi quelques personnes derrière les fenêtres : les maisons et les boutiques étaient fermées.

En arrivant, mon premier soin fut de chercher des logemens pour moi et pour les officiers qui me suivaient. La maison où je me présentai d'abord était fermée comme les autres, les gens en étaient armés de piques, disposés à se défendre ; il fallut parlementer pour m'en faire ouvrir les portes.

La seconde maison où je fus, tout près de la première, me fut ouverte sans obstacle : il y avait un nombreux domestique, et une vieille dame que j'ai présumé être la grand'-mère. Tout y était dans l'état ordinaire d'habitation, les petits meubles journaliers étaient dans les appartemens, la musique sur le piano, l'argenterie dans le buffet.

Peu de temps après que j'y étais installé, je vis revenir les domestiques chargés de butin. Les soldats, malgré la consigne, avaient pénétré dans la ville, les magasins venaient d'être enfoncés, et Russes et Français, chacun courait au pillage.

Sur le soir, on vint m'avertir que le feu était en deux endroits, non loin de la maison que j'occupais ; je m'y transportai : l'un était dans une grande maison en pierre, il avait pris par le four dans lequel les soldats avaient cuit toute la journée. Vainement je cherchai à arrêter les passans pour l'éteindre ou l'isoler, chacun courait à ses affaires.

L'autre feu était aussi dans un palais en pierre ; les soldats, en faisant leurs recherches, avaient mis le feu aux meubles du rez de chaussée par défaut de précautions, et ceux d'entre eux qui se trouvèrent dans les étages supérieurs furent obligés de se sauver par les fenêtres.

Je jugeai, par la direction du vent, que ces feux, si on ne les éteignait pas, seraient au matin bien près de ma maison, et je fis tenir les chevaux sellés. Ce que j'avais prévu arriva ; à dix heures du matin, il ne restait plus trace de ma maison. A l'approche du feu, la vieille dame était venue se jeter à mes pieds et implorer mon assistance. Je ne pouvais rien contre les flammes ; je lui conseillai d'enlever ce qu'elle avait de plus précieux, et je lui offris de la prendre sous ma protection, et de partager avec elle l'asile où je me retirerais. Elle aima mieux rester jusqu'au dernier moment, comptant toujours sur la Providence.

Pendant la nuit, d'autres feux avaient éclaté, sans doute par les mêmes causes ; en sorte qu'au jour l'incendie prit un caractère désastreux. Napoléon quitta alors la ville, sans prendre aucune mesure pour l'éteindre.

J'avais été me loger dans une petite maison entièrement isolée, trois de ses côtés donnaient sur une place ; le quatrième était séparé de toute habitation par une large rue. Je croyais y être à l'abri du feu ; vain espoir ; il vint m'y trouver, et par la seul réverbération, les toits, les portes et les fenêtres s'enflammèrent. Le maître de la maison fut encore sourd à mes offres, et s'épuisant avec une petite pompe à lutter contre l'incendie, il vit consumer sa maison du fond de son jardin, où il resta même après sa ruine, sans doute pour veiller sur les objets précieux qu'il y avait enfouis.

Je ne mènerai pas plus loin le lecteur dans mes changemens de domicile ; ces deux exemples suffisent pour lui faire voir que les habitans n'avaient nullement été prévenus qu'on dût brûler leur ville, et qu'ils avaient encore bien moins l'envie d'y mettre le feu eux-mêmes. Plusieurs étaient restés; la majeure partie redoutant le premier moment de l'invasion s'était retirée dans les environs. Tous avaient laissé des gardiens, et devaient revenir le plus tôt possible. Quelques-uns sont en effet revenus; mais lorsqu'ils n'ont trouvé que des ruines, ils s'en sont retournés pénétrés de douleur, et leurs rapports ont découragé les autres.

Reprenons la marche des événemens : le pillage avait été croissant avec l'incendie; Napoléon avait donné les ordres les plus sévères pour l'arrêter, et pendant quelque temps il fut suspendu. Mais sur l'observation assez juste qu'on laissait gratuitement détruire par les flammes des provisions dont l'armée manquait, il permit d'enlever des maisons brûlées toutes celles qu'on pourrait y trouver. Ainsi que l'observe M. le comte Rostopchin, ce fut le signal du redoublement du feu.

Pendant que l'incendie se propageait avec rapidité et semblait devoir tout dévorer, je parcourais la ville pour la connaître avant sa destruction. Nulle part je n'ai vu l'incendie organisé méthodiquement, mais j'ai vu des malades et blessés que l'armée russe avait laissés dans des hôpitaux et dans des maisons particulières, seuls et sans assistance se traînant dans les cours et dans les rues pour éviter le feu, et y trouvant la mort dans la chaleur et la sécheresse de l'air. D'autres qui n'avaient pas la force de se mouvoir, ont été brûlés par les tisons de leurs poiles, qui en tombant mettaient le feu à la paille sur laquelle ils étaient couchés.

A ces traits reconnaît-on de la part du gouverneur le projet d'incendier Moscou? n'eût-il pas pris toutes les mesures pour faire évacuer les traînards et les malades russes, dont on porte le nombre à vingt mille? Aurait-il laissé quatre cents milliers de poudre, quinze cent mille cartouches, quarante milliers de soufre ou de salpêtre, cent cinquante pièces de canon, soixante mille fusils, plus de six cent mille projectiles dont la plupart chargés?

Et pourquoi mettre le feu après l'entrée des Français? ceux-ci pouvaient empêcher les incendiaires de remplir leur mission. Malgré l'enlèvement des pompes de la ville on eût pu arrêter le feu dès le commencement, car il n'était pas général, et on lui aurait fait sa part, si les pompes qu'il y avait dans presque toutes les maisons n'eussent pas suffi pour l'éteindre.

Mais Buonaparte ne donna pas d'ordre pour cela; il avait espéré trouver Moscou habitée, et y établir un gouvernement provisoire, qui aurait balancé celui de Pétersbourg. Piqué de n'y trouver que des gens du peuple, il crut en ne prenant aucune mesure contre l'incendie, que les habitans reviendraient pour l'éteindre; il fut encore trompé dans cette supposition.

Napoléon a dû détourner le soupçon qui pouvait planer sur sa tête; et, confiant dans les rapports qu'il recevait, il a fait pendre quelques vagabonds qu'on lui dit avoir été pris en flangrant délit. Ils ont pu être trouvés au milieu des flammes, mais ils y étaient pour leur compte, et il est plus que probable qu'ils n'étaient pas salariés pour mettre le feu.

Quel avantage les Russes ont-ils retiré de l'incendie de Moscou? Nous a-t-il empêché de rester? avons-nous manqué de logemens? la majeure partie des vivres n'a-t-elle pas été sauvée? chacun de nous en partant n'en a-t-il pas laissé plus qu'il n'en emportait, encore que l'armée fût obstruée de toute sorte de moyens de transport? Et si les habitans étaient restés, n'auraient-ils pas pris leur part de ces vivres? n'aurait-il pas fallu payer l'autre? Je ne crains pas d'avancer que, sauf le but politique que Buonaparte se proposait, l'incendie de Moscou a été favorable aux Français, tandis que les Russes, indépendamment de leurs maisons, de leurs mobiliers et de leurs approvisionnemens, y ont perdu leurs archives et tous les actes publics, perte irréparable!

Ne paraît-il pas, d'après cela, suffisamment prouvé que l'incendie de Moscou n'a point été un événement prémédité, et qui appartienne exclusivement aux Russes ou aux Français?

Le général du génie,

NEMPDE.

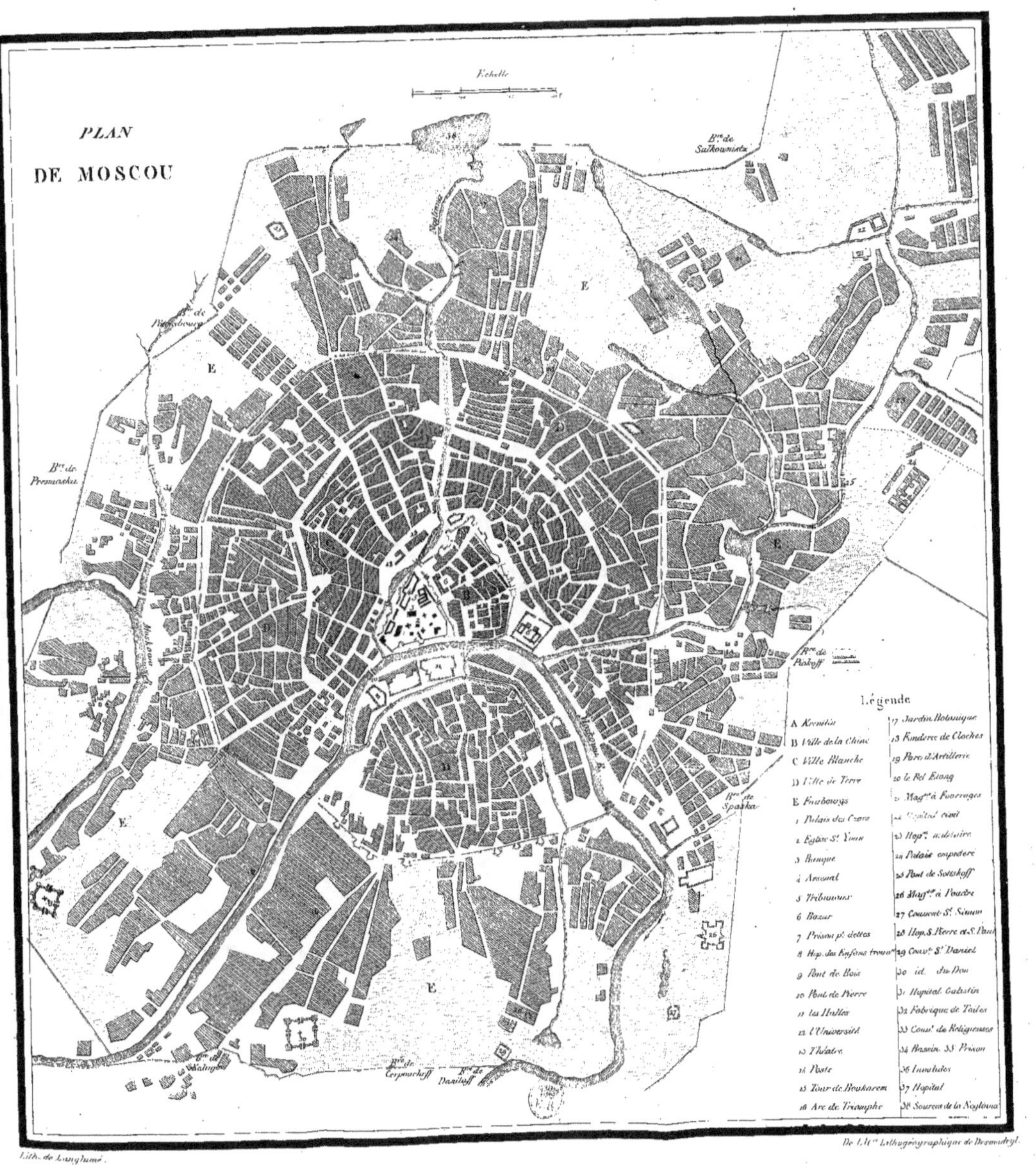

PLAN
DE MOSCOU
Echelle
Br. de Salkownietz
Br. de Premaska
Br. de Premaska
B.ne de Spaska
Rte de Plakoff
Br. de Cerpuschoff
Fr. de Danieff
Waliga
Légende
A Kremlin
B Ville de la Chine
C Ville Blanche
D Ville de Terre
E Faubourgs
1 Palais des Czars
2 Eglise St. Yvan
3 Banque
4 Arsenal
5 Tribunaux
6 Bazar
7 Prison p. dettes
8 Hop. des Enfans trouvés
9 Pont de Bois
10 Pont de Pierre
11 les Halles
12 l'Université
13 Théatre
14 Poste
15 Tour de Boukarem
16 Arc de Triomphe
17 Jardin Botanique
18 Fonderie de Cloches
19 Parc d'Artillerie
20 le Bel Etang
21 Mag.n à Fourrages
22 Hôpital civil
23 Hop.l militaire
24 Palais empereur
25 Pont de Sotskoff
26 Mag.n à Poudre
27 Couvent St. Simon
28 Hop. S. Pierre et S. Paul
29 Couv.t St. Daniel
30 id. Su Dou
31 Hopital Galatzin
32 Fabrique de Toiles
33 Couv.t de Religieuses
34 Bazar 35 Prison
36 Invalides
37 Hopital
38 Sources de la Naglowa
Lith. de Langlumé.
De l'Et.mt Lithographique de Desmodeyl.

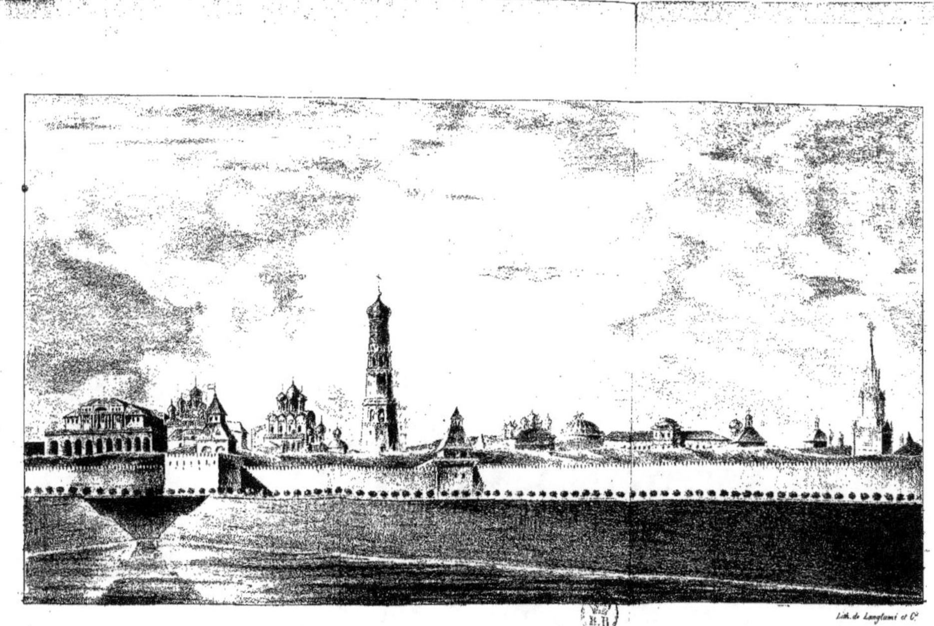

Vue du Kremlin,
du côté de la Moscowa

www.ingramcontent.com/pod-product-compliance
Lightning Source LLC
LaVergne TN
LVHW010512060726
842527LV00005B/2020